できるだけ うちにある調味料で作る!

エスニックつまみとごはん

エダジュン

はじめに

25歳の頃に1週間くらい、初めて一人で海外を旅したのが「タイ」でした。
不安や高揚感に包まれながら、初めて訪れた国は、
「屋台の活気、元気いっぱいのカラフル野菜、人の温かさ、初めて味わうおいしさ」など、
少年のようにワクワクしながら、好奇心をくすぐられっぱなしの旅で、
そこからエスニック料理に魅了されはじめました。

28歳の時、会社員を辞めてすぐに、1か月間ベトナムへバックパック旅行に出ました。
北はハノイから南はホーチミンまで、バスで横断する旅。
景色もさることながら、思い出に残っているのは、食べた料理のことばかり。
ハーブがたっぷり添えてあるフォーを食べて、
「香りも風味もすべてをやわらかく包んで、こんなにおいしくなるんだ！」と、
食材との組み合わせで料理が変わることを知りました。
すっかりエスニック料理に魅せられた僕は、その後もタイはもちろん、
台湾や韓国にも毎年足を運び、自分でもエスニック料理を作るようになりました。

エスニック料理を作る上で、どうしても専用の調味料がないと難しい…
そういった固定概念があり、ご家庭で作るにはハードルが高かったと思うのですが、
この本ではナンプラー、スイートチリソース 、オイスターソースなど、
スーパーでも気軽に手に入る調味料を中心に、味つけを考えてみました
（なので、現地のものをアレンジした、妄想エスニック料理も多少交じっています…）。

僕は毎日お酒を楽しんでいて、でもお酒だけあれば十分というタイプではなく、
「しっかりとつまみと一緒にいただきたい！　そして、つまみに時間をかけるのは嫌い！」
というわがままな性格でもありますので（笑）、そんな僕が考えたエスニックつまみは、
缶ビールをプシュッと開けてからでも、すぐにできるものがたくさんです。

旅行が自由にできない今だからこそ、この本から料理を作って、
エスニックのビールをグビグビッと飲みながら、
つまみ料理で旅した気分を味わってもらえたら、とってもうれしいなと思います。
いつか「こんな時代があったな…」と懐かしく思うくらい、
ずっとずっと長く愛される本になりますように。

エダジュン

contents

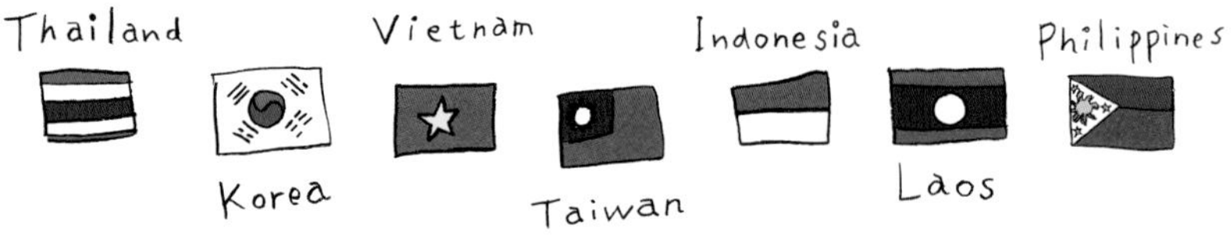

part 1 すぐでき！つまみ

part 2 野菜たっぷり！つまみ

part 3 肉と魚のボリューム！つまみ

part 4 きのこ・豆腐・乾物のヘルシー！つまみ

part 5 スープのほっこり！つまみ

part 6 シメ！のごはんと麺もの

column

｛この本での約束ごと｝

- 1カップは200mℓ、1合は180mℓ、大さじ1は15mℓ、小さじ1は5mℓ、「ひとつまみ」とは、親指、ひとさし指、中指の3本で軽くつまんだ量のことです。
- 黒こしょうは粗びき黒こしょう、オリーブ油はエキストラ・バージン・オリーブオイルを使っています。
- ごはん「茶碗1杯分」は150g、「茶碗山盛り1杯分」は200gです。
- 電子レンジの加熱時間は、600Wのものを基準にしています。500Wの場合は、1.2倍の時間を目安にしてください。機種によっては、多少差が出ることもあります。

この本で使用している調味料などについて

エスニック料理と聞くと、「特別な調味料がないと作れない」と思われがちですが…。この本では、できるだけスーパーで気軽に手に入る調味料を中心に、味つけを考えました。スパイスやハーブなども、これだけあれば大丈夫です。

ナンプラー

タイの魚醤で、カタクチイワシを塩で漬け込み、発酵・熟成させたもの。エスニック料理の象徴とも言える調味料で、柑橘系のものと相性抜群。サラダなど野菜と合わせて使うのが好き。「メガシェフ」のものがお気に入り。★

スイートチリソース

タイやベトナムで使われているソースで、唐辛子、にんにく、砂糖、酢から作られ、強い甘みと辛み、酸味が特徴。バターと一緒に炒めものに使ったり、マヨネーズと混ぜてソースにしても。にわとり印の「メープラノム」のものがおすすめ。★

オイスターソース

かきのうまみが詰まったソースで、中華料理のほか、タイやベトナム料理などにも使われる。肉や魚の炒めもの全般、煮込み料理のほか、焼きそばやあえ麺に加えても美味。タイ産の「メガシェフ」のものがおいしくて好き。★

コチュジャン

もち米、米麹、唐辛子などを発酵させた韓国のみそで、コクのある甘さ、辛みがあり、ビビンバに使うことでおなじみ。マヨネーズと混ぜて鶏肉をあえたり、ケチャップと合わせてトーストに塗っても。「ビビゴ」のものがおすすめ。★

豆板醤

そら豆、唐辛子などを発酵させた中国の唐辛子みそ。少量でキリッと辛みをきかせたい時に。サンラータンなどの酸味のあるスープ、担々麺などコクのある料理に、溶かして辛さを加えると美味。「ユウキ」のものがおいしい。★

五香粉《ウーシャンフェン》

八角、クローブ、花椒（ホワジャオ）、シナモンなどを混ぜた中国のミックススパイス。独特の香りで、台湾風の味に。肉のくさみ消しや食欲がない時にも。横浜中華街「耀盛號（ようせいごう）」のものがおすすめ。ネットショップで購入可。

パクチー

タイ語でパクチー、中国語で香菜（シャンツァイ）、英語でコリアンダー。独特の香りと、かんだ時に広がる風味が魅力。茎や葉はもちろん、根も香りが強い。好きな食べ方はサラダ。トッピングとして少量添えるだけでも、エスニックな味わいに。

バジル

ピザやパスタでおなじみ。タイ語で「ガパオ」とはホーリーバジルのことで、ガパオライスは本来ホーリーバジルを使用。日本では入手困難なので、スイートバジルで。チーズやココナッツミルクなど、コクのある料理に入れるとさわやかに。

ミント

ラオスのラープ（ひき肉サラダ）などに使われる、爽快感のあるハーブ。ペパーミントとスペアミントがその代表で、清涼感がソフトなスペアミントを選んで。ハーブの中ではすっきり系で、こってりした肉と合わせると、軽やかに食べられる。

ディル

北欧でよく使われるハーブで、サーモンなどの魚介と相性抜群。実はベトナム料理にも取り入れられている。えびや貝などを炒める時に細かく刻んで入れたり、バジルソースのようにして、ディルソースを作ってもおいしい。

★＝「KALDI（カルディ） コーヒーファーム」などで購入できます

part 1

すぐでき！つまみ

切って混ぜるだけ！　さっと炒めるだけ！
ものの5～10分で作れる、お手軽つまみを集めました。
缶ビールをプシュッと開けてからだって、
これならすぐに作って食べられてうれしい。
タイ、ベトナム、台湾、韓国…各国の本場の味を
ぐっとシンプルにアレンジしたもののほか、
和テイストもこっそり忍び込ませた、
新感覚のアジアンつまみが大集合です！

Thailand

ナンプラーたたききゅうり

**きゅうりはひびを入れ、ナンプラーのうまみ、
塩昆布の塩け&だしをしっかりからませます。
これにパクチーやディルを加えてもおいしい。**

材料（2 人分）

きゅうり（長さを 3 等分に切り、包丁の腹で
押しつぶし、縦 4 等分に切る）…… 2 本
にんにく（すりおろす）…… 小さじ 1/4
塩昆布 …… 大さじ 1
ナンプラー …… 小さじ 2
ごま油 …… 小さじ 1

1 ボウルに材料をすべて入れ、よくあえる。

Korea

水菜としらすのチョレギサラダ

**韓国で定番の、ごま油が香る塩味サラダを
水菜で和風アレンジ。じゃこや桜えびで作ったり、
韓国のり、長ねぎのせん切りを加えても◎。**

材料（2 人分）

水菜（4cm幅に切る）…… 2 株
しらす …… 大さじ 2
ごま油 …… 小さじ 2
しょうゆ …… 小さじ 1
白いりごま …… 適量

1 ボウルに材料をすべて入れ、よくあえる。

キムチとわかめのユッケ風

生肉で作るタルタルステーキ=ユッケを
キムチとわかめでヘルシーに仕上げました。
まぐろや白身魚の刺身でボリュームアップしても。

材料（2人分）

A
- 白菜キムチ …… 1/2カップ（100g）
- わかめ（乾燥・水につけて戻し、水けをきる）…… 大さじ1
- にんにく（すりおろす）…… 小さじ1/4
- ごま油、白いりごま …… 各小さじ1

卵黄 …… 1個分

1 ボウルにAを入れてよくあえ、器に盛って卵黄をのせる。全体を混ぜて食べる。

プチトマトのソムタム風

青パパイヤで作る激辛サラダ=ソムタムが、
プチトマトで辛くない味に変身。桜えびは刻み、
全体に行き渡らせます。にんじんで作っても。

材料（2人分）

プチトマト（横半分に切る）…… 10個
桜えび（粗みじん切り）、
　バターピーナッツ（半分に割る）…… 各大さじ1
ナンプラー、レモン汁 …… 各小さじ2
はちみつ …… 小さじ1

1 ボウルに材料をすべて入れ、よくあえる。

クリームチーズの塩昆布パクチーあえ

Thailand

相性抜群のクリームチーズ&塩昆布に、
パクチーを加えたら、これまた最高!
カマンベールチーズで作ってもOKです。

材料（2 人分）

クリームチーズ（ポーションタイプ・4 等分に切る）
……4 個（約 70g）
塩昆布（粗く刻む）……大さじ 1
パクチー（みじん切り）……1/4 株（5g）

1 ボウルに材料をすべて入れ、よくあえる。

かにかまと紫玉ねぎのオニオンスライス

Vietnam

スイートチリ+マヨで、少し甘めの味つけ。
実は、かにかまがなくてもおいしいんです。
ボイルしたベビーほたてで作るのもおすすめ。

材料（2 人分）

A | かにかま（粗くほぐす）……8 本
紫玉ねぎ（または玉ねぎ・薄切り）……1/2 個*
マヨネーズ……大さじ 2
スイートチリソース……大さじ 1 と 1/2
黒こしょう……少々
*玉ねぎなら水に 5 分さらす

1 ボウルに A を入れてよくあえ、器に盛って黒こしょうをふる。

アボカドのヤム

Thailand

ヤムはタイ語で「あえる」という意味で、
アボカドにスイートチリソースをからめたひと皿。
濃厚な味わいに、しょうがのピリッがアクセント。

材料（2人分）

A｜アボカド（種と皮を除き、2cm角に切る）…… 1/2個
｜スイートチリソース …… 大さじ2
｜しょうが（すりおろす）…… 小さじ1
フライドオニオン（あれば）…… 適量

1 ボウルにAを入れてよくあえ、器に盛ってフライドオニオンを散らす。

フライドオニオンは、玉ねぎを刻んで油で揚げたもの。葉野菜のサラダ、フォーなどの麺類、冷ややっこにトッピングすると、ぐっとコクが出る。

ツナとかいわれのナンプラーマヨあえ

Thailand

ナンプラーにマヨのコクと酸味を加えた、
野菜がどっさりとれるサラダ感覚のおつまみ。
かいわれは、豆苗にかえてもいいですね。

材料（2人分）

A｜ツナ缶（オイル漬け・汁けをきる）…… 小1缶（70g）
｜かいわれ（根元を切る）…… 1パック
｜マヨネーズ …… 大さじ1
｜ナンプラー …… 小さじ1
白すりごま …… 小さじ1

1 ボウルにAを入れてよくあえ、器に盛ってすりごまをふる。

Thailand

かぶの梅肉ナンプラーあえ

**ナンプラー+梅干しで、和風エスニックの一品。
甘酸っぱいタイのフルーツ・タマリンドを
梅干しで再現しました。大根で作ってもOKです。**

材料（2人分）

かぶ（皮ごと縦半分に切り、薄切り）…… 2個

A｜梅干し（種を除き、たたく）…… 1個
｜ナンプラー …… 小さじ2
｜砂糖 …… 小さじ1/2
｜かぶの葉（粗みじん切り）…… 1本分

1 かぶは塩少々（分量外）をふってもみ、しんなりしたらさっと洗って水けを絞り、Aを加えてあえる。

Korea

まぐろと納豆の韓国のりあえ

**韓国のりには味がしっかりついているので、
まぐろとからめると最高に風味がよく、
お酒がすすみます。納豆なしで作っても！**

材料（2人分）

まぐろの刺身（赤身・2cm角に切る）
…… 小1さく（100g）

納豆 …… 1パック（50g）

韓国のり（大きめにちぎる）
…… 小1パック（8枚）

しょうゆ、ごま油 …… 各小さじ1

1 ボウルに材料をすべて入れ、よくあえる。

Korea

サーモンのムッチム

**韓国語で「あえもの」を意味するムッチムを、
ピリ辛コチュジャンとごま油で作りました。
ゆでだこ、いかの刺身でも合います。**

材料（2 人分）

サーモンの刺身（5㎜幅に切る）
…… 小 1 さく（150g）
コチュジャン、ごま油 …… 各小さじ 1
しょうゆ、白いりごま …… 各小さじ 1/2

1 ボウルに材料をすべて入れ、よくあえる。

Thailand

ツナのカイジャオ

**カイジャオとは、「タイ風オムレツ」のこと。
現地ではひき肉で作ることが多いですが、
ツナ缶をオイルごと加え、香ばしく焼きます。**

材料（2 人分）

卵 …… 2 個
ツナ缶（オイル漬け）…… 小 1 缶（70g）
ナンプラー …… 小さじ 2
サラダ油 …… 小さじ 2
A ｜ケチャップ …… 大さじ 2
　｜豆板醤 …… 小さじ 1

1 ボウルに卵を溶きほぐし、ツナ（汁ごと）、ナンプラーを加えて混ぜる。

2 フライパンにサラダ油を熱し、1 を広げて中火で焼き、表面がうっすら固まったら裏返し、両面をこんがり焼く。半分に折って器に盛り、混ぜた A をかける。

Vietnam

ブロッコリーの明太チリマヨあえ

明太子とスイートチリソースの2つのピリ辛味を、マヨの酸味でマイルドにしました。このソース、ゆで青菜やきのこ、生キャベツにかけても絶品！

材料（2 人分）

ブロッコリー（小房に分ける）…… 1 株

A | 明太子（薄皮を除く）…… 1 本（40g）
 | マヨネーズ …… 大さじ 2
 | スイートチリソース …… 大さじ 1 と 1/2

1 ブロッコリーは熱湯で 2 ～ 3 分ゆでて湯をきり、混ぜた A に加えてあえる。

Thailand

エリンギのヤムヘッド

タイのピリ辛きのこサラダ・ヤムヘッドを、レンチンしたエリンギでパパッと作りました。きのこを数種類入れると、さらに奥深い味に。

材料（2 人分）

エリンギ（長さを半分に切り、薄切り）
…… 1 パック（100g）

A | 紫玉ねぎ（または玉ねぎ・薄切り）…… 1/4 個*
 | にんにく（みじん切り）…… 1/2 かけ
 | 赤唐辛子（種を除き、小口切り）…… 1 本
 | ナンプラー、レモン汁 …… 各大さじ 1
 | 砂糖 …… 小さじ 1/2

*玉ねぎなら水に 5 分さらす

1 エリンギはさっとぬらして耐熱ボウルに入れ、ラップをふんわりかけて電子レンジで 1 分 30 秒加熱し、水けをふく。A を加えてあえる。

ちくわのスイチリバター炒め

スイートチリにバターのコクを合わせると、
ちくわのうまみと相まってビールがすすみます。
厚揚げやパスタを炒めてもよく合いますヨ。

材料（2人分）

ちくわ（2cm幅の斜め切り）…… 4本
スイートチリソース …… 大さじ1
バター …… 10g
万能ねぎ（2cm幅の斜め切り）…… 適量

1 フライパンにバターを溶かし、ちくわを中火で炒め、こんがりしたらスイートチリソースをからめ、器に盛って万能ねぎを散らす。

枝豆のガーリックナンプラー炒め

枝豆をナンプラー&豆板醤で炒めたら、
うまみと辛みでガツーンとした味わいに。
よい汗をかきながら、ビールと一緒にどうぞ。

材料（2人分）

冷凍枝豆（さやつき・解凍する）…… 150g＊
にんにく（みじん切り）…… 1かけ
A ナンプラー …… 小さじ2
　豆板醤 …… 小さじ1/4
ごま油 …… 小さじ2
＊生の場合は、塩ゆでして使って

1 フライパンにごま油、にんにくを入れて弱火にかけ、香りが出たら枝豆を加えて中火でさっと炒め、Aをからめる。

ちくわぶのトッポギ風

Korea

もちもちっとした食感のちくわぶを使えば、
韓国料理のトッポギみたいな味わいに。
甘辛ピリ辛だれは、鶏肉やちくわをあえても。

材料（2 人分）

ちくわぶ（2cm幅の輪切り）…… 1 本（140g）
A｜ケチャップ …… 大さじ 3
　｜コチュジャン、はちみつ …… 各小さじ 2
ごま油 …… 小さじ 2

1 フライパンにごま油を熱し、ちくわぶを中火で炒め、こんがりしたら混ぜた A をからめる。

さつま揚げのオイスター炒め

Taiwan

台湾料理でおなじみのオイスターソースに、
ナッツで食感を加えれば、おつまみに最適！
ブロッコリーで作ったり、一味唐辛子をふっても。

材料（2 人分）

さつま揚げ（縦横半分に切る）…… 3 枚
バターピーナッツ（粗く刻む）…… 大さじ 1
オイスターソース …… 小さじ 2
ごま油 …… 小さじ 2

1 フライパンにごま油を熱し、さつま揚げ、ピーナッツを中火で炒め、こんがりしたらオイスターソースをからめる。

part 2

野菜たっぷり！つまみ

エスニック料理は、野菜がどっさり食べられるのも
女子に人気が高い理由のひとつ。
今回はスーパーで見慣れたいつもの野菜で、
簡単に、ちゃちゃっと作れるようなレシピにしました。
本格的な味わいを残しつつ、野菜本来の
やわらかな香りや風味も楽しめて、
元気がもりもり出てくるつまみばかりです。

キャベツとにんじんは調味料を混ぜて5分おき、味をなじませます。バジルやミントで作っても。

ゴイガー（キャベツとチキンのサラダ）

材料（2 人分）

キャベツ（細切り）…… 大 2 枚
にんじん（せん切り）…… 1/4 本
パクチー（ざく切り）…… 1 株（20g）
鶏ささみ（筋を除く）…… 2 本（120g）
A | ナンプラー …… 大さじ 1
　| 酢 …… 小さじ 2
　| 砂糖 …… 小さじ 1

1 ささみはフォークで全体に穴をあけ、耐熱皿にのせて酒大さじ1（分量外）をふり、ラップをふんわりかけて電子レンジで 2 分 30 秒加熱し、粗熱がとれたら大きめにさく。

2 ボウルに A を入れて混ぜ、キャベツ、にんじんを加えて 5 分おき、1、パクチーを加えてあえる。

パットガラムプリー（タイ風キャベツ炒め）

タイ語でパット=炒める、ガラムプリー=キャベツ。キャベツは大きめで、食べごたえ&甘みを満喫。

材料（2 人分）

キャベツ（縦半分に切る）…… 大 2 枚
にんにく（みじん切り）…… 1 かけ
酒、ナンプラー …… 各大さじ 1
サラダ油 …… 大さじ 1

1 フライパンにサラダ油、にんにくを入れて弱火にかけ、香りが出たらキャベツを加えて中火で炒め、油が回ったら酒をふり、しんなりしたらナンプラーをからめる。

Thailand

オクラのエスニックねぎ塩

居酒屋の定番・ねぎ塩を、ナンプラーでアレンジ。
残った汁は、素揚げ野菜や冷ややっこにかけても。

材料（2人分）

オクラ（ガクをくるりとむく）…… 10本
A 長ねぎ（みじん切り）…… 1/2本
　ナンプラー、ごま油 …… 各小さじ2
　しょうが（すりおろす）…… 小さじ1
　塩 …… 小さじ1/4
　水 …… 大さじ4

1 オクラは熱湯で1分ゆでて湯をきり、混ぜたAに加えてあえる。
＊冷たくしてもおいしい

オクラのピーナッツみそあえ

Indonesia

インドネシアでは、料理によくピーナッツバターを使うのをヒントに。いんげんやスナップえんどう、カリフラワーで作っても合いますヨ。

材料（2人分）

オクラ（ガクをくるりとむく）…… 10本
A バターピーナッツ（粗みじん切り）、
　　マヨネーズ …… 各大さじ2
　みそ …… 小さじ2

1 オクラは熱湯で1分ゆでて湯をきり、斜め半分に切り、混ぜたAに加えてあえる。

えびとアボカドの生春巻き

Vietnam

えびとアボカド、最強タッグの具材入り生春巻きです。
たれはスイートチリ+マヨで。パクチーを巻いてもグー。

材料（2人分／4本）

ボイルむきえび（厚みを半分に切る）…… 4尾
アボカド（種と皮を除き、縦8等分のくし形切り）…… 1個
サニーレタス（ちぎる）…… 大1枚
生春巻きの皮 …… 4枚
A｜スイートチリソース …… 大さじ2
　｜マヨネーズ …… 小さじ2

1 生春巻きの皮は水にくぐらせてまな板にのせ、やわらかくなったら手前1/3のところにアボカド、サニーレタスの順にのせ、向こう端に断面を上にしてえびを置き、手前⇒左右⇒向こうの順に巻く。

2 器に盛り、混ぜたAをつけて食べる。

生春巻きの皮がやわらかくなったら、手前1/3にアボカド、サニーレタスの順にのせ、向こう端に断面を上にしてえびを置き、手前⇒左右⇒向こうの順にきつめに巻く。

パクチーときゅうりのサラダ

Taiwan

パクチー本来の香りと風味が楽しめるサラダ。
日本の台湾料理屋さんからヒントを得ました。

材料（2人分）

パクチー（4cm幅に切る）…… 2株（40g）
きゅうり（縦半分に切り、斜め薄切り）…… 1/2本
ごま油 …… 大さじ1
塩、黒こしょう …… 各ひとつまみ

1 ボウルに材料をすべて入れ、よくあえる。

豆苗のにんにく炒め

人気の空芯菜炒めを、手軽な豆苗で。
ナンプラー+唐辛子でお酒にピッタリ!

材料（2 人分）

豆苗（根元を切る）…… 1 袋
A｜にんにく（薄切り）…… 1 かけ
｜赤唐辛子（種を除き、小口切り）…… 1 本
ナンプラー …… 小さじ 2
ごま油 …… 大さじ 1

1 フライパンにごま油、A を入れて弱めの中火にかけ、香りが出たら豆苗を加えて中火でさっと炒め、ナンプラーをからめる。

トムヤムクンもやし

トムヤムクンスープのペーストで、ナムルに。
料理教室の人気レシピ。パクチーを加えても。

材料（2 人分）

もやし …… 1袋（200g）
桜えび …… 大さじ 2
A｜トムヤムペースト …… 小さじ 2
｜ナンプラー、ごま油 …… 各小さじ 1

1 耐熱ボウルにもやしを入れ、ラップをふんわりかけて電子レンジで 2 分加熱し、粗熱がとれたら水けをきる。

2 A、桜えびを加え、よくあえる。

お湯で溶くだけでトムヤムクンが作れるトムヤムペーストは、炒めものやつくねに加えたり、ドレッシングや肉じゃがに入れても。「スリーシェフ」のものがお気に入り。

ラープ・ムー（豚ひき肉のサラダ）

豚ひきのこってり感を、ミントでさわやかに。
ごはんや中華麺とも抜群に合う万能そぼろです。

Laos

材料（2人分）

豚ひき肉 …… 100g
赤唐辛子（種を除き、小口切り）…… 1本
A | 紫玉ねぎ（または玉ねぎ・薄切り）…… 1/6個*
　| スペアミントの葉 …… 10枚
　| バターピーナッツ（粗く刻む）…… 大さじ2
B | ナンプラー、レモン汁 …… 各小さじ2
　| 砂糖 …… 小さじ1/2
サラダ油 …… 小さじ2
サニーレタス、スペアミントの葉など …… 各適量
*玉ねぎなら水に5分さらす

1 フライパンにサラダ油を熱し、ひき肉、赤唐辛子を中火で炒め、こんがりしたら余分な脂をペーパーでふく。

2 ボウルに1、A、Bを入れてよくあえ、器に盛ってサニーレタスなどを添え、巻いて食べる。

Thailand

ピーマンとツナのトムヤム炒め

ツナ缶はオイルごと炒めて、うまみたっぷりに。
赤パプリカで作っても◎。ごはんにも合います。

材料（2人分）

ピーマン（縦に細切り）…… 4個
ツナ缶（オイル漬け）…… 小1缶（70g）
A | トムヤムペースト（p21参照）、
　| オイスターソース …… 各小さじ1

1 フライパンを何もひかずに熱し、ツナ（汁ごと）、ピーマンを中火で炒め、ピーマンがしんなりしたらAをからめる。

にんじんのエスニックきんぴら

ナンプラーで味つけした、甘辛味のタイ風きんぴら。
溶き卵をからめたり、ごぼうやズッキーニで作っても。

材料（2人分）

にんじん（4cm長さのせん切り）…… 1本
赤唐辛子（種を除き、小口切り）…… 1本
A｜酒、ナンプラー、みりん …… 各小さじ2
ごま油 …… 大さじ1

1 フライパンにごま油を熱し、にんじん、赤唐辛子を中火で炒め、しんなりしたらAをからめる。

Thailand

小松菜のカシューナッツ炒め

オイスターソースのうまみにみそを合わせ、コク深く。
豆苗や空芯菜、ナッツはバターピーナッツでも。

Taiwan

材料（2人分）

小松菜（4～5cm幅に切る）
…… 2株
カシューナッツ …… 大さじ1
A｜オイスターソース …… 小さじ2
｜みそ …… 小さじ1
ごま油 …… 小さじ2

1 フライパンにごま油を熱し、小松菜、カシューナッツを中火で炒め、小松菜がしんなりしたら混ぜたAをからめる。

Thailand

なすのナンプラーしょうが煮びたし

タイの食材・カーに似たしょうがで、
キリッとした味に。ナンプラーのうまみを
しっかり吸わせれば、だしいらずです。

材料（2人分）

なす（縦半分に切って皮目に斜め5mm幅の切り込みを入れ、縦半分に切る）…… 3本
A｜ナンプラー …… 大さじ2
　｜しょうが（すりおろす）…… 小さじ2
　｜水 …… 1カップ
サラダ油 …… 大さじ2
パクチー（ざく切り）…… 適量

1 フライパンにサラダ油を熱し、なすを中火で炒め、油が回ったらAを加えて5分煮、器に盛ってパクチーをのせる。

Thailand

なすのピリ辛マリネ

なすは多めの油でコクを出し、
ピリ辛ソースをからめます。
冷やして食べたり、ひき肉と炒めて
ごはんにのせてもマル。

材料（2人分）

なす（乱切り）…… 3本
A｜ナンプラー、オイスターソース …… 各小さじ2
　｜豆板醤、砂糖 …… 各小さじ1/2
サラダ油 …… 大さじ2
黒いりごま …… 適量

1 フライパンにサラダ油を熱し、なすを中火で炒め、しんなりしたら火を止めてAをからめ、器に盛っていりごまをふる。

えびとパクチーのヤムウンセン

チリソースで手軽に作る、タイ風春雨サラダ。
いかやたこを入れたり、紫玉ねぎを加えても。

Thailand

材料（2人分）

むきえび（あれば背ワタを除く）…… 12尾（120g）
パクチー（ざく切り）…… 1株（20g）
緑豆春雨（乾燥）…… 40g
スイートチリソース、ナンプラー、レモン汁
…… 各小さじ2

1 鍋に湯を沸かし、春雨を2分ゆでてざるに引き上げ、さっと洗って水けをきり、食べやすく切る。続けて再び湯を沸騰させ、えびを入れて火を止めてふたをして7〜8分おき、湯をきる。

2 ボウルに材料をすべて入れ、よくあえる。

エスニックマカロニサラダ

チリソースのほのかな甘さ、ピリ辛味が生きた、
ひと味違うサラダ。ツナやベーコンを入れても。

Vietnam

材料（2人分）

マカロニ …… 50g
きゅうり（小口切り）…… 1/2本
紫玉ねぎ（または玉ねぎ・薄切り）…… 1/6個*
ロースハム（1cm幅の短冊切り）…… 3枚
マヨネーズ …… 大さじ3
スイートチリソース …… 大さじ2
*玉ねぎなら水に5分さらす

1 マカロニは熱湯で袋の表示時間通りにゆで、湯をきる。きゅうりは塩少々（分量外）をふってもみ、しんなりしたら水けを絞る。

2 ボウルに材料をすべて入れてよくあえ、器に盛って黒こしょう少々(分量外)をふる。

クレソンと
オイルサーディンのサラダ

Taiwan

**オイルサーディンは油ごと使うことで、
そのうまみを十分に活用します。
クレソンのほか、春菊や水菜で作っても。**

材料（2人分）

クレソン（ざく切り）……2束（80g）
オイルサーディン……1缶（105g）
A｜オイスターソース、レモン汁……各小さじ1
　｜黒こしょう……少々

1 ボウルにオイルサーディン（オイルごと）を入れて粗くほぐし、クレソン、Aを加えてあえ、器に盛って黒こしょう少々（分量外）をふる。

白菜のグリーンカレーコールスロー

Thailand

**グリーンカレーペーストを使ってヒネリを加えた、
ピリ辛サラダです。もちろん、キャベツで作っても。**

材料（2人分）

白菜（せん切り）……2枚
ツナ缶（オイル漬け・汁けをきる）……小1缶（70g）
ホールコーン（缶詰・汁けをきる）……大さじ4
A｜マヨネーズ……大さじ3
　｜グリーンカレーペースト……小さじ1と1/2
　｜砂糖……小さじ1/2

1 白菜は塩少々（分量外）をふってもみ、しんなりしたら水けを絞る。

2 ボウルにAを入れて混ぜ、1、ツナ、コーンを加えてあえる。

青唐辛子とハーブ、スパイスを混ぜたグリーンカレーペースト。しょうが焼きやパスタに加えたり、酢、オイルと混ぜて温野菜をあえても。「MAE PLOY（メープロイ）」のものがおいしくておすすめ。

Thailand

グリーンカレーポテサラ

グリーンカレーの辛さを感じつつ、じゃがいもの甘み、玉ねぎの食感が楽しめます。ハムを加えてもグッド！

材料（2人分）

じゃがいも（4等分に切る）…… 3個（300g）
紫玉ねぎ（または玉ねぎ・みじん切り）…… 1/2個＊
パクチー（1～2cm幅に切る）…… 1株（20g）
A　マヨネーズ …… 大さじ5
　　グリーンカレーペースト（左ページ参照）
　　…… 小さじ1
＊玉ねぎなら水に5分さらす

1 鍋にじゃがいも、かぶるくらいの水を入れて火にかけ、煮立ったら強めの中火で10分ゆで、竹串がすっと通ったら湯をきり、ヘラでつぶして粗熱をとる。

2 ボウルにAを入れて混ぜ、1、紫玉ねぎ、パクチーを加えてあえる。

さつまいもとカマンベールのナンプラー炒め

バターのコクとナンプラーの塩けで味わう、新感覚つまみ。仕上げにはちみつをたらしても◎。

Thailand

材料（2人分）

さつまいも（皮ごと1cm角の棒状に切り、
　水に5分さらす）…… 小1本（150g）
カマンベールチーズ（6等分のくし形切り）
　…… 1/2個（50g）
ナンプラー …… 大さじ1
バター …… 10g

1 フライパンにバターを溶かし、水けをふいたさつまいもを中火で3分炒め、こんがりしたらナンプラーをからめ、カマンベールを加えてさっと炒める。

column ①

台湾 屋台グルメ

Taiwan

＼ 我開動了！ ／

台湾は今まで5～6回訪れていますが、台湾ビールがいっぱい飲める、少し濃いめの味つけがいいですね。肉と黒こしょうがみっちり入った胡椒餅《こしょうもち》が~~大大大~~好きで、それで黒こしょうのおいしい使い方を学んだ気がします。

台湾風フライドポテト

オイスターソースのコクに、黒こしょうをきかせて。
五香粉《ウーシャンフェン》やシナモンを加えると、さらに台湾風に。

材料（2人分）

じゃがいも（縦8等分のくし形に切り、水に10分さらす）…… 3個（300g）
薄力粉 …… 大さじ2
A｜オイスターソース …… 小さじ2
　｜黒こしょう …… 小さじ1
揚げ油 …… 適量

1 じゃがいもは水けをしっかりふき、薄力粉をまぶし、フライパンに2㎝入れて中温（170℃）に熱した揚げ油でカラリと4分揚げ、Aをからめる。

蔥油餅《ツォンヨゥピン》（ねぎ入りおやき）

少し手間がかかりますが、もちもち、カリッとした、
現地そのものの味が楽しめる本格派のレシピです。

材料（2人分／2枚）

A｜薄力粉、強力粉 …… 各100g
　｜塩 …… 小さじ2/3
ぬるま湯（35～40℃）…… 110㎖
B｜万能ねぎ（小口切り）…… 6本
　｜サラダ油 …… 小さじ2
　｜黒こしょう …… 少々
ごま油 …… 大さじ2

1 ボウルにA、ぬるま湯を入れて菜箸で混ぜ、ボロボロと全体になじんだら手でまとまるまでこね、ラップで包んで冷蔵室で30分休ませる。

2 打ち粉（薄力粉・分量外）をふった台にのせ、2等分し、めん棒で直径20㎝にのばし、混ぜたBを全体に広げる。手前からくるくる巻き、端からうず巻き状に巻き、打ち粉（薄力粉・分量外）をふってめん棒で直径20㎝にのばす。

3 フライパンにごま油を半量熱し、2を1枚ずつ中火で片面3分ずつこんがり焼き、食べやすく切る。

鶏肉飯《ジーローハン》 (蒸し鶏のせごはん)

台湾食堂フードでおなじみのごはん。蒸したささみに甘辛ソースをかければ、ビールがすすむ味わいに。

材料 (2 人分)

ごはん …… 茶碗 2 杯分
鶏ささみ (筋を除く) …… 2 本 (120g)
A | 長ねぎ (みじん切り) …… 1/2 本
　| しょうゆ、酒 …… 各大さじ 2
　| ごま油 …… 大さじ 1
　| 砂糖 …… 小さじ 2
長ねぎの青い部分 (あれば・小口切り) …… 適量

1 ささみはフォークで全体に穴をあけ、塩、砂糖各少々 (ともに分量外) をもみ込み、耐熱皿にのせて酒大さじ 1 (分量外) をふり、ラップをふんわりかけて電子レンジで 2 分 30 秒加熱する。粗熱がとれたら大きめにさく。A はフライパンでひと煮立ちさせる。

2 器にごはんを盛り、ささみ、A のたれ、長ねぎをのせる。

魯肉飯《ルーローハン》 (豚肉の甘辛煮かけごはん)

現地ではかたまり肉を煮込んで作りますが、薄切り肉で時間短縮。高菜やたくあんを添えても。

材料 (2 人分)

ごはん …… 茶碗 2 杯分
豚バラ薄切り肉 (5 ～ 6㎝幅に切る)
　…… 8 枚 (200g)
生しいたけ (薄切り) …… 2 枚
ゆで卵 …… 2 個
A | しょうゆ …… 大さじ 2
　| 砂糖、酒 …… 各大さじ 1
　| 五香粉《ウーシャンフェン》 …… 小さじ 1
　| にんにく (薄切り) …… 1 かけ
　| 水 …… 1 カップ

1 鍋に A を入れて煮立たせ、豚肉、しいたけ、ゆで卵を加え、中火でゆで卵を時々返しながら 8 分煮る。

2 器にごはんを盛り、1 (ゆで卵は半分に切る) をのせる。

肉と魚のボリューム！つまみ

part 3

ドーンと豪快で、わんぱくなつまみをさかなに、
ビールをごくごく流し込む幸せ感といったら！
一日頑張った自分に、至福のひとときが訪れます♪
肉と魚で作るエスニックテイストのつまみは、
おもてなしの時にだってぴったり。
みんなから喝采を浴びること、まちがいなしです。
野菜と合わせて、彩りも豊かなごちそうつまみです。

レンチン鶏チャーシュー

Thailand

電子レンジでさっと作れるから、すぐに飲みたい時におすすめ。
しょうゆをナンプラーにかえるだけで、アジアンテイストの
ひと皿に変身します。長ねぎは、パクチーや水菜にしてもグーです。

材料（2人分）

鶏もも肉 …… 1枚（300g）
A｜ナンプラー、みりん、水 …… 各大さじ2
長ねぎ（斜め薄切り）…… 1/4本

1 鶏肉はフォークで全体に穴をあけ、耐熱ボウルに入れてAをからめ、皮目を上にしてラップをふんわりかけて電子レンジで3分30秒、裏返して3分30秒加熱し、そのまま冷ます。

2 食べやすく切って器に盛り、長ねぎをのせる。

Thailand

鶏肉とパプリカのシラチャーソース炒め

シラチャーソースとは、タイの甘辛いチリソースのこと。
辛さと酸味のバランスが絶妙で、今回は簡単に手作りしています。
豚肉、鶏肉、牛肉、どんな肉の炒めものにも合う万能ソースです。

材料（2人分）

鶏もも肉（2cm角に切る）……1枚（300g）
パプリカ（赤・縦に細切り）……1個
A ケチャップ……大さじ1
　酢……小さじ2
　ナンプラー、豆板醤、にんにく（すりおろす）
　……各小さじ1/2
サラダ油……小さじ2

1 フライパンにサラダ油を熱し、鶏肉、パプリカを中火で炒め、鶏肉がこんがりしたら混ぜたAを加え、さっと炒める。

シラチャーソースは、甘辛酸っぱいタイのチリソース。鶏肉とエリンギを炒めてからめるなど、炒めもの全般に使える便利なソース。

Taiwan

鶏肉とチンゲンサイの五香粉《ウーシャンフェン》炒め

五香粉は八角、シナモン、花椒《ホワジャオ》などをミックスしたスパイスで、台湾料理によく使われるもの。鼻から抜ける香りが最高です。チンゲンサイは、小松菜やほうれんそうなどにかえても。

材料（2人分）

鶏もも肉（4㎝角に切る）……1枚（300g）
チンゲンサイ（縦半分に切る）……1株
A｜酒、しょうゆ……各大さじ1
　｜五香粉《ウーシャンフェン》……小さじ1
ごま油……小さじ2

1 フライパンにごま油を熱し、鶏肉を皮目から中火で片面2分ずつこんがり焼く。

2 チンゲンサイ、Aを加え、しんなりするまで炒める。

トムヤムクンから揚げ

Thailand

トムヤムペーストで下味をつけた、やみつき必至なから揚げ。
鶏肉にマヨネーズをもみ込むと、ジューシーに仕上がります。
熱々はもちろん、冷めてもおいしいのでお弁当にもぜひ！

材料（2人分）

鶏もも肉（4cm角に切る）…… 1枚（300g）
A トムヤムペースト（p21参照）、マヨネーズ
…… 各大さじ2
ナンプラー …… 小さじ2
にんにく（すりおろす）…… 小さじ1
片栗粉 …… 大さじ3～4
揚げ油、レモン（あれば・くし形切り）…… 各適量

1 鶏肉はAをもみ込み、片栗粉を薄くまぶす。

2 フライパンに揚げ油を2cm入れて中温（180℃）に熱し、1を時々返しながらこんがり3～4分揚げる。器に盛り、レモンを添える。

＊鶏肉は下味をつけたら、時間をおくほどおいしくなる（ひと晩つけてもいい）

鶏肉と玉ねぎのアドボ（煮込み）

にんにくをきかせて多めの酢ですっきりまとめた、甘辛味の煮込み料理。
手羽元などの骨つきの肉で作っても、よりだしが出ておいしいし、
れんこんやパプリカなど、好みの野菜を入れてもよく合います。

材料（2 人分）

鶏もも肉（4㎝角に切る）…… 1 枚（300g）

A
- 玉ねぎ（4 等分のくし形切り）…… 1/2 個
- にんにく（つぶす）…… 2 かけ
- 酢、酒 …… 各大さじ 3
- しょうゆ …… 大さじ 2
- はちみつ …… 大さじ 1
- 水 …… 1 カップ

黒こしょう …… 少々

1 鍋に A を入れて中火で煮立たせ、鶏肉を加え、弱めの中火で時々混ぜながら、煮汁が 1/3 くらいになるまで 10 分煮る。

2 器に盛り、黒こしょうをふる。

Thailand

レンチンよだれ鶏

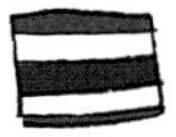

中国料理の定番メニュー・よだれ鶏をナンプラーでアレンジ♪
電子レンジで作れるので、気軽に試せます。鶏むね肉は、
余熱を利用して中まで火を通し、しっとり仕上げましょう。

材料（2人分）

鶏むね肉（皮を除く）…… 1枚（300g）
A｜塩、砂糖 …… 各小さじ1/3
　｜片栗粉 …… 小さじ1
B｜ナンプラー、鶏肉の蒸し汁 …… 各大さじ1
　｜レモン汁、ごま油 …… 各小さじ2
パクチー（ざく切り）…… 1/2株（10g）
ラー油 …… 少々

1 鶏肉はフォークで全体に穴をあけ、Aをすり込んで15分おき、耐熱皿にのせて酒大さじ2（分量外）をふり、ラップをふんわりかけて電子レンジで2分30秒、裏返して2分30秒加熱する。そのまま冷ます（蒸し汁はたれに使う）。

2 1をそぎ切りにして器に盛り、混ぜたBをかけ、パクチーをのせてラー油をかける。

Vietnam

鶏むね肉とミントのスイチリバター炒め

チリソース&バターの濃厚なコクを、ミントの爽快感でさっぱりと。
ミントは火を止めてから加えると、香りが引き立ちます。
ミントのかわりに、バジルやディルで作っても◎。

材料（2人分）

鶏むね肉（1cm幅のそぎ切り）…… 1枚（300g）
片栗粉 …… 小さじ1
スペアミントの葉（粗く刻む）…… 20枚
スイートチリソース …… 大さじ2
バター …… 10g

1 鶏肉は片栗粉をもみ込み、バターを溶かしたフライパンで中火でこんがり2分焼き、裏返してもう片面もこんがり1分焼く。

2 スイートチリソースをからめ、火を止めてミントを混ぜる。

Thailand

手羽先のガイトート（フライドチキン）

タイでは豪快に骨つき肉で作るフライドチキンを、
手羽先でより手軽にしました。下味は時間をおくほど美味。
鶏もも肉でも作れるし、ライムを添えるとさらに本格的に。

材料（2人分／6本）

鶏手羽先 …… 6本（300g）

A ｜ ナンプラー、オイスターソース …… 各大さじ1
　｜ 砂糖 …… 小さじ2
　｜ にんにく（すりおろす）…… 小さじ1

片栗粉 …… 大さじ3

揚げ油、パクチー（あれば）…… 各適量

1 手羽先はAをしっかりもみ込み、片栗粉をまぶす。

2 フライパンに揚げ油を2cm入れて中温（180℃）に熱し、1を片面2分ずつこんがり揚げる。器に盛り、パクチーを添える。

＊鶏肉は下味をつけたら、時間をおくほどおいしくなる（ひと晩つけてもいい）

手羽先とうずら卵のオイスター煮

オイスターとウスター、ダブルのソースで奥深い味に仕上げました。
酢を入れることであと味すっきり、手羽先もやわらかくなります。
うずら卵は、普通のゆで卵でも。卵なしで肉だけでもおいしいです。

材料（2 人分）

鶏手羽先 …… 6 本（300g）
うずらの卵（ゆでたもの）…… 6 個＊
A｜オイスターソース、ウスターソース、酢
　｜…… 各大さじ 3
　｜水 …… 1 カップ
黒こしょう …… 少々
＊小鍋にうずらの卵、かぶるくらいの水を入れて火にかけ、煮立ったら中火で 2 分 30 秒ゆで、水にとって殻をむく

1 鍋に A を入れて煮立たせ、手羽先、うずらの卵を加えて少しずらしてふたをし、弱めの中火で時々混ぜながら 10 ～ 15 分煮る。

2 器に盛り、黒こしょうをふる。

Indonesia

ささみのサテ風チーズはさみ焼き

インドネシアの串焼き=サテを、ささみにピーナッツをはさんでアレンジ。
本場の「ケチャップマニス」という甘いソースは、ケチャップ+砂糖で。
みそのコクにナッツの食感、とろりと溶けた熱々のチーズが最高です。

材料（2 人分／4 本）

鶏ささみ（筋を除く）…… 4 本（240g）
スライスチーズ（半分に切る）…… 2 枚
A | バターピーナッツ（みじん切り）、みそ …… 各大さじ 2
　| ケチャップ、砂糖 …… 各小さじ 2
サラダ油 …… 小さじ 2

1 ささみは厚みに切り目を入れ、チーズ、混ぜた A の順にはさむ。

2 フライパンにサラダ油を熱し、1 を中火でこんがり 2 分焼き、裏返してふたをして弱火で 3 分蒸し焼きにする。

Thailand

砂肝のバジル炒め

「ガパオを砂肝で作ったら?」と、イメージして作ったひと皿。
塩と黒こしょうのみという、ごくシンプルな味つけですが、
フレッシュなバジルを最後に入れれば、プロの味に変身します。

材料（2人分）

砂肝……200g
バジルの葉……10枚*
酒……大さじ1
A｜塩、黒こしょう……各小さじ1/4
サラダ油……小さじ2
*ドライバジルなら小さじ1/2

1 砂肝は銀皮を除き、3本ずつ切り目を入れる。

2 フライパンにサラダ油を熱し、1を中火で炒め、ややこんがりしたら酒をふり、汁けがなくなったらAをふる。火を止め、バジルをちぎって混ぜる。

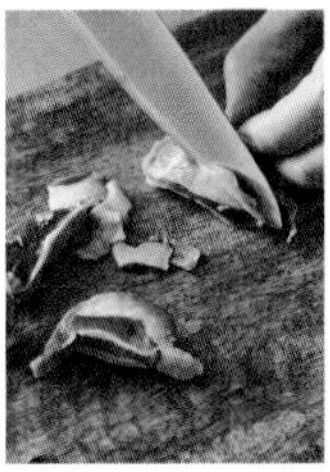

砂肝はかたい銀皮（青白い膜）の部分を薄くそぐようにして除き、口あたりをよくする。このあと3本ずつ切り目を入れることで、中まで火が通りやすくなる。

レンチン蒸しなすのナンプラーそぼろがけ

Vietnam

ベトナムの食卓でおなじみの、焼きなすのそぼろがけを、
手軽なレンチン蒸しなすで作りました。そぼろは、たっぷりの
黒こしょうでキリッと刺激的な味に。豆腐にかけても美味です。

材料（2人分）

豚ひき肉……100g
なす（ヘタを除く）……3本
A｜ナンプラー……大さじ1
　｜砂糖、黒こしょう……各小さじ1
　｜豆板醤……小さじ1/2
ごま油……大さじ1
万能ねぎ（小口切り）……適量

1 なすは縦に4本切り目を入れ、さっと洗ってラップで包み、耐熱皿にのせて電子レンジで2分30秒加熱し、水にさらして冷めたら4等分にさく。

2 フライパンにごま油を熱し、ひき肉を中火で炒め、色が半分変わったらAをからめる。器に盛った1にかけ、万能ねぎを散らす。

なすはヘタを除き、縦に1cm深さの切り目を4本入れる。これで電子レンジで加熱した時に火の通りがよくなり、あとできれいにさける。

台湾風そぼろの生ピー添え

日本の居酒屋でよく食べている生ピーそぼろを、台湾風にしてみました。
ほろ苦いピーマンと、五香粉《ウーシャンフェン》が香る甘辛そぼろは相性抜群!
そぼろが残ったら、そうめんと合わせてあえ麺にしてもグーです。

材料（2 人分）

豚ひき肉 …… 100g
ピーマン（縦半分に切る）…… 3 個
にんにく（みじん切り）…… 1 かけ
A｜酒、オイスターソース、砂糖 …… 各小さじ 2
五香粉《ウーシャンフェン》 …… 小さじ 1
ごま油 …… 小さじ 2

1 フライパンにごま油、にんにくを入れて弱火にかけ、香りが出たらひき肉を加えて中火で炒め、色が半分変わったらAをからめ、五香粉を加えてひと混ぜする。

2 器にピーマンを並べ、1をかける。

パクチー餃子

Thailand

大好物のパクチーを存分に練り込んだ、最高級においしい餃子です。
にんにくもガツンときいているから、たれなしでそのままどうぞ！
ちなみに皮は、「成城石井」にある八《や》幡《はた》製麺所のものが美味ですよ〜。

材料（3 〜 4 人分／ 24 個）

A | 豚ひき肉 …… 200g
パクチー（みじん切り）…… 1 株（20g）
にんにく（すりおろす）、ナンプラー、
オイスターソース、ごま油 …… 各小さじ 2

餃子の皮 …… 24 枚
ごま油 …… 大さじ 1
パクチー（あれば・ざく切り）…… 適量

1 ボウルに A を入れ、粘りが出るまで手で練り混ぜ、餃子の皮にのせ、ふちに水をつけてひだを寄せながら包む。

2 フライパンにごま油、1を並べて中火にかけ、こんがり焼き色がついたら餃子の半分の高さまで水を注ぎ、ふたをして汁けがなくなるまで 4 分蒸し焼きにする。器に盛り、パクチーをのせる。

ベトナム風ディルつくね

たとえばフォーに入れるなど、ベトナムではポピュラーなディル。
今回は、つくねの中にたっぷり混ぜ込みました。ひと口ごとに
ディルの香りが広がって、ごはんや麺、バゲットとも相性抜群です。

Vietnam

材料（2人分／4個）

A | 鶏ひき肉（もも）…… 200g
ディル（葉先をちぎる）…… 1パック（16g）
スイートチリソース、ナンプラー、片栗粉 …… 各小さじ2
砂糖 …… 小さじ1

サラダ油 …… 小さじ2
レモン（くし形切り）…… 適量

1 ボウルにAを入れ、粘りが出るまで手で練り混ぜ、4等分して7cm長さの小判形にまとめる。

2 フライパンにサラダ油を熱し、1の両面を中火でこんがり焼き、つくねの1/3の高さまで水を注ぎ、ふたをして3分蒸し焼きにする。器に盛り、レモンを添える。

＊レモン汁＋黒こしょうをつけて食べてもおいしい

Thailand

ナンプラーゆずこしょう麻婆豆腐

ゆずこしょう&ナンプラーで作る、オリエンタルな白い麻婆豆腐。
ひき肉に片栗粉を混ぜれば、あとでとろみをつける手間はナシ！
おぼろ豆腐で作ったり、辛いのが好きならゆずこしょうを増量して。

材料（2人分）

- 鶏ひき肉（もも）…… 100g
- 片栗粉 …… 小さじ1
- 絹ごし豆腐（食べやすく切る）…… 1/2丁（150g）
- A
  - 長ねぎ（みじん切り）…… 1/2本
  - しょうが（みじん切り）…… 1かけ
- B
  - ナンプラー …… 小さじ2
  - ゆずこしょう …… 小さじ1/2～1
  - 水 …… 1/2カップ
- ごま油 …… 大さじ1
- 長ねぎの青い部分（あれば・小口切り）…… 適量

1 フライパンにごま油を熱し、Aを中火で炒め、香りが出たら片栗粉をふったひき肉を加えて炒め、色が半分変わったら豆腐、Bを加えて混ぜながら2分煮る。

2 少しとろみがついたら器に盛り、長ねぎをのせる。

ゆずこしょうは、青ゆずの皮と青唐辛子を塩で練り上げたもの。「もへじ」のものが好き。ココナッツミルクと相性がよく、ココナッツミルク、ナンプラー、バジルやディルで作るスープに加えても。

魯肉飯《ルーローハン》風しょうが焼き

Taiwan

かたまり肉を長時間煮込んで作る、本場の魯肉飯の味わいを、手軽なしょうが焼きで実現しました。五香粉《ウーシャンフェン》のアジアンな香りを白いごはんと一緒にほおばれば、楽園級のおいしさです♪

材料（2人分）

豚ロース肉（しょうが焼き用）…… 8枚（200g）
玉ねぎ（4等分のくし形切り）…… 1/2個
A｜オイスターソース、しょうゆ …… 各大さじ1
　｜しょうが（すりおろす）、みりん …… 各小さじ2
五香粉《ウーシャンフェン》 …… 小さじ1/2
ごま油 …… 小さじ2
キャベツ（せん切り）、マヨネーズ …… 各適量

1 フライパンにごま油を熱し、豚肉、玉ねぎを中火で炒め、豚肉がややこんがりしたらAをからめ、五香粉を加えてひと混ぜする。

2 器に盛り、キャベツ、マヨネーズを添える。

Thailand

パクチーの豚バラ巻き

豚バラ肉でパクチーをくるくる巻き、甘辛く味つけしました。
パクチーは火を通すと、独特の香りがやわらいで新鮮な味に！
苦手な人もぐっと食べやすくなるんですヨ。

材料（2人分／2本）

豚バラ薄切り肉 …… 4枚（100g）
パクチー（10㎝長さに切る）…… 2株（40g）
A｜酒 …… 大さじ1
　｜ナンプラー、みりん …… 各小さじ2
ごま油 …… 小さじ2

1 豚肉は少し重ねて2枚ずつ広げ、パクチーをのせて斜めに巻きつける。

2 フライパンにごま油を熱し、1の巻き終わりを下にして中火で転がしながら焼き、こんがりしたらAをからめる。食べやすく切って器に盛る。

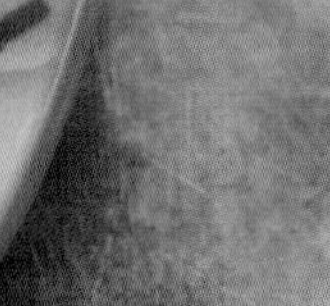

豚肉は左右を少し重ねて2枚ずつ縦長に広げ、パクチーを半量ずつのせ、やや斜めにくるくると全体に巻きつける。

Thailand

豚しゃぶムーマナオ （ライム風味サラダ）

ムー=豚肉、マナオ=ライムの意味で、タイの食堂によくあるライムで香りをつけた豚肉サラダです。現地では激辛!ですが、辛さはどうぞ調整を。セロリ、きゅうり、玉ねぎを追加しても。

材料（2人分）

豚ロース薄切り肉（しゃぶしゃぶ用）
…… 12枚（200g）

レタス（細切り）…… 2枚

A
- ナンプラー、レモン汁 …… 各大さじ1と1/2
- 砂糖 …… 小さじ1
- にんにく（みじん切り）…… 1/2かけ
- 赤唐辛子（種を除き、小口切り）…… 2本

レモン（あれば・くし形切り）…… 適量

1 ボウルにAを混ぜ、10分おく。

2 豚肉は1枚ずつ熱湯に入れ、弱めの中火で色が変わるまでゆで、水にとって水けをきる。レタスとともに1に加えてあえ、器に盛ってレモンを添える。

カムジャタン（豚肉とじゃがいもの鍋もの）風肉じゃが

豚の骨つき肉とじゃがいもを煮込んだ鍋もの＝カムジャタンを、
手軽な肉じゃが風にしました。コチュジャン＋みそでピリッと辛く、
奥深い味わいです。汁ごとごはんにかけて食べるのもおすすめ。

材料（2 人分）

豚バラ薄切り肉（4cm幅に切る）…… 4 枚（100g）
じゃがいも（4 等分に切る）…… 2 個（200g）
A｜コチュジャン、みそ、白すりごま
｜　…… 各大さじ 1
｜水 …… 1 と 1/2 カップ
ごま油 …… 小さじ 2
白すりごま …… 適量

1 鍋にごま油を熱し、豚肉を中火で炒め、色が半分変わったら A、じゃがいもを加えて少しずらしてふたをし、煮立ったら中火で 10 分煮る。

2 じゃがいもがやわらかくなったら器に盛り、すりごまをふる。

魯《ルー》白《バイ》菜《ツァイ》（台湾風白菜煮込み）

台湾に仕事で行った時、現地の通訳さんに教えてもらったおふくろの味。
桜えびと干ししいたけのうまみが詰まったスープが、とにかく絶品！
塩で味つけするだけですが、夏でも冬でも食べるとほっとする味です～。

材料（2人分）

豚バラ薄切り肉（4cm幅に切る）……4枚（100g）
白菜（4cm角に切る）……2枚
緑豆春雨（乾燥）……20g
干ししいたけ（水2カップに半日つけて戻し、薄切り）……3枚
A｜にんにく（みじん切り）……1かけ
　｜桜えび（粗く刻む）……大さじ2
塩……小さじ1/2
ごま油……大さじ1

1 鍋にごま油、Aを入れて弱火にかけ、香りが出たら白菜、春雨、豚肉の順に重ね、干ししいたけ（戻し汁ごと）を加えて中火で5分煮る。

2 塩で味を調え、さらに2分煮る。

ささみとしょうがのスティック春巻き

台湾で定番の、小籠包《ショーロンポー》に針しょうがをのせて食べるのをヒントに考案。
料理教室の生徒さんから、「すごく作ってます」と人気 No.1！
たっぷりのしょうがで、お酒がすすむ味。酢+からしをつけても合います。

材料（2 人分／ 8 本）

A ｜ 鶏ささみ（筋を除き、縦 4 等分に細長く切る）…… 2 本（120g）
｜ マヨネーズ …… 大さじ 3
｜ ナンプラー …… 小さじ 2

しょうが（せん切り）…… 小 1 個（50g）
春巻きの皮 …… 8 枚
揚げ油、サニーレタス（あれば）…… 各適量

1 春巻きの皮は角を手前にして置き、混ぜたA、しょうがをのせ、手前⇒左右⇒向こうの順にややきつめに巻き、水をつけてとめる。

2 フライパンに揚げ油を 1 ～ 2㎝入れて中温（170℃）に熱し、1を時々返しながらカラッと 4 分揚げる。器に盛り、サニーレタスを添える。

まぐろとアボカドの
コチュジャンナムル

ピリ辛のコチュジャンとごま油が香る、簡単ナムルです。
まぐろとアボカドに、ピリ辛だれをからめれば至福の味に！
大衆食堂風に、まぐろはぜひ切り落とし（もちろん赤身）を。

材料（2 人分）

A
- まぐろの刺身（赤身・切り落とし）…… 小 1 パック（100g）
- アボカド（種と皮を除き、縦 4 等分のくし形に切り、長さを半分に切る）…… 1/2 個
- コチュジャン、しょうゆ、ごま油 …… 各小さじ 2
- にんにく（すりおろす）…… 少々

白いりごま …… 適量

1 ボウルに A を入れてよくあえ、器に盛っていりごまをふる。

Korea

たこと韓国のりのナムル

**韓国のりとごま油であえるだけと、まさにシンプルの極みですが、
細かくちぎった韓国のりとたこって、本当によーく合います。
これ、ゆで大豆を入れてもおいしいんですよ。**

材料（2人分）

A | ゆでだこの足（ぶつ切り）…… 1本（100g）
　| 韓国のり（細かくちぎる）…… 小1パック（8枚）
　| ごま油 …… 小さじ2

一味唐辛子 …… 少々

1 ボウルにAを入れてよくあえ、器に盛って一味をふる。

Vietnam

いかとエリンギのチリバジル炒め

ベトナムをバックパック旅行していた、28 歳の時に出会った思い出の味。
素朴だけれど豆板醤の辛みがきいていて、つまみとしては最強！
ドライバジルで十分おいしくできます。生鮭やあさりで作っても。

材料（2 人分）

するめいか（または紋甲いか、やりいかなど）
…… 1 ぱい（200g）
エリンギ（乱切り）…… 1 本
豆板醤 …… 小さじ 1/2
A | オイスターソース …… 大さじ 1
  | バジル（ドライ）…… 小さじ 1
ごま油 …… 大さじ 1

1 いかは足を引き抜いてワタ、軟骨を除き、胴は 1cm幅の輪切り、足は食べやすく切る。

2 フライパンにごま油を熱し、1 、エリンギ、豆板醤を中火で炒め、いかがこんがりしたら A をからめる。

Thailand

揚げないえびパン

20歳の頃、初めて行った渋谷のタイ料理店で食べたえびパンを再現しました。
えびは粗めにたたいて少し食感を残すと、プリッとしておいしい。
揚げなくていいのでラクチン♪　食パンで作ったり、パクチーを刻んで加えても。

材料（2人分／8枚）

A
- むきえび（あれば背ワタを除き、粗くたたく）……10尾（100g）
- ピザ用チーズ、マヨネーズ……各大さじ3
- スイートチリソース……大さじ1
- にんにく（すりおろす）……小さじ1/4

バゲット（1cm幅に切る）……8cm

1 ボウルにAを入れて混ぜ、バゲットにのせ、温めたオーブントースターでこんがり6～7分焼く。

スイチリえびチリ

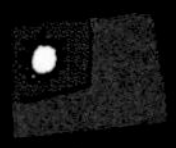

Taiwan

台湾で食べた、辛さよりも甘さが立ったえびチリをヒントに。
豆板醤、砂糖、ガラスープの素…と調味料がいろいろ入るのを、
スイートチリソース 1 本でビシリ!のスピードメニューです。

材料（2 人分）

| むきえび（あれば背ワタを除く）…… 12 尾（120g）
| 片栗粉 …… 小さじ 2

にんにく（みじん切り）…… 1 かけ

A | ケチャップ …… 大さじ 3
| スイートチリソース …… 大さじ 2
| しょうゆ …… 小さじ 1
| 水 …… 大さじ 6

ごま油 …… 大さじ 1

万能ねぎ（小口切り）…… 適量

1 フライパンにごま油、にんにくを入れて弱火にかけ、香りが出たら片栗粉をまぶしたえびを加え、中火でこんがり炒める。

2 Aを加え、汁けが半分くらいになるまで2分煮詰め、器に盛って万能ねぎをのせる。

あさりのクリーミーみそバジル炒め

Thailand

タイ料理名でいう「ホイラーイ・パット・ナムプリックパオ」、
あさりとバジルのチリインオイル炒めをイメージして考えました。
本場同様、牛乳を加えてクリーミーに。赤唐辛子を入れて辛くしても。

材料（2人分）

あさり（砂抜きしたもの）…… 1パック（200g）
バジルの葉 …… 10枚
にんにく（薄切り）…… 1かけ
A｜牛乳 …… 大さじ2
　｜オイスターソース …… 小さじ2
　｜みそ …… 小さじ1
サラダ油 …… 大さじ1

1 フライパンにサラダ油、にんにくを入れて弱火にかけ、香りが出たらあさりを加えて中火で炒め、油が回ったら混ぜたAを加える。

2 あさりの口が開いたら、火を止めてバジルをちぎって混ぜる。

Thailand

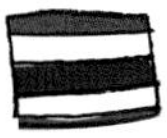

チーズ入りプーパッポンカリー（かにのカレー炒め）風

プー=かに、パッ=炒める、ポンカリー=カレー粉に、チーズを加えました。
本物のかには高いので、かにかまを使ってぐっとお手頃に。
溶けたピザ用チーズがからまった、とろとろ卵が最高ですよ。

材料（2人分）

かにかま（粗くほぐす）……4本
卵……2個
A｜ピザ用チーズ……大さじ1＊
　｜カレー粉、ナンプラー、オイスターソース
　｜……各小さじ1
バター……10g
＊スライス、カマンベール、モッツァレラチーズでもいい

1 ボウルに卵を溶きほぐし、かにかま、Aを加えて混ぜる。

2 フライパンにバターを溶かし、1を入れて中火で大きく混ぜながらスクランブルエッグ状にし、半分くらい固まったら火を止める。

タイ 屋台グルメ

column ②

Thailand

＼ จะกินแล้วนะ ! ／

夕方6時からしか開かない店、メニューではなく指さして、「あれがほしい」と注文することも多いタイの屋台。ぬるいビールをちびちび飲みながら、辛い！ 酸っぱい！ とメリハリのある味を楽しんだ、思い出の料理たちです。

手羽中ガイヤーン（焼きとり）

タイで人気の炭火焼きとりを、手羽中でより手軽に。はちみつ入りのたれは、照りよく焼けて甘めで美味。

材料（2 人分／ 10 本）

鶏スペアリブ（手羽中を半分に切ったもの）
…… 10 本（200g）

A | ナンプラー …… 大さじ 1
はちみつ …… 小さじ 2
にんにく（すりおろす）…… 小さじ 1
黒こしょう …… 少々

1 鶏肉は A をもみ込み、魚焼きグリルの中火で 5 分、裏返して 5 分焼く。

＊鶏肉は下味をつけたら、時間をおくほどおいしくなる（ひと晩つけてもいい）。温めたオーブントースターで 15 分焼いても OK

ムーピン（豚肉の炭火焼き）風 コロコロステーキ

本場では串焼きにする豚の炭火焼きを、カットして炒めて食べやすく。甘辛味でビールがすすみます！

材料（2 人分）

豚ロース肉（とんかつ用・2㎝角に切る）
…… 1 枚（150g）

A | オイスターソース …… 大さじ 1
しょうゆ、砂糖 …… 各小さじ 2
にんにく（すりおろす）…… 小さじ 1
黒こしょう …… 小さじ 1/4

サラダ油 …… 小さじ 2
サニーレタス（あれば・ちぎる）…… 適量

1 フライパンにサラダ油を熱し、豚肉を中火でこんがり 3 分焼き、余分な脂をペーパーでふき、混ぜた A をからめる。サニーレタスとともに器に盛る。

桜えびともやしのパッタイ

シャキシャキのもやしと桜えびで作る、簡単焼きそば。にらや厚揚げでボリュームアップしてもいいですネ。

材料（2人分）

中華蒸し麺 …… 1玉（150g）
桜えび …… 大さじ3
もやし …… 1袋（200g）
A｜ケチャップ、ナンプラー …… 各大さじ2
　｜酢 …… 小さじ1
サラダ油 …… 大さじ1
バターピーナッツ（粗く刻む） …… 大さじ2
パクチー（ざく切り） …… 適量

1 フライパンにサラダ油を熱し、桜えび、もやしを中火で炒め、しんなりしたら中華麺（ほぐしながら）、水大さじ2を加えて炒め、混ぜたAをからめる。

2 器に盛り、ピーナッツ、パクチーをのせる。

ジンジャー・ジョーク（おかゆ）

鶏とナンプラーのうまみが詰まった、“飲める”おかゆ。現地ではテーブルにしょうががあり、自由にのせて食べるんです。

材料（2人分）

ごはん …… 茶碗山盛り1杯分
鶏ひき肉（もも） …… 50g
しょうが（せん切り） …… 2かけ
A｜ナンプラー …… 大さじ2
　｜水 …… 1と1/2カップ
ごま油 …… 小さじ2
パクチー（ざく切り） …… 適量

1 鍋にごま油を熱し、ひき肉、しょうが1かけ分を中火で炒め、肉の色が変わってパラパラになったらごはん、Aを加えて混ぜ、煮立ったら弱めの中火で5分煮る。

2 器に盛り、パクチー、残りのしょうがをのせる。

part 4

きのこ、豆腐、乾物のヘルシー！つまみ

「今日のつまみは軽めがいいな」という気分の時。
「ダイエット中だから、ヘルシーなものを」という人に。
きのこや豆腐、乾物を使ったつまみといっても、
しっかりボリュームはあるので、
胃袋だってきっとごきげんになります。
残業の日、帰りが遅くなった時でもさくっと作れて、
罪悪感少なめでつまめるのって、うれしいですよね。

まいたけのナンプラーバター炒め

ナンプラー&バターのうまみとコクのハーモニー。
風味最強のまいたけに、ベーコンを合わせれば、
お酒が止まらなくなる魅惑のひと皿が完成です。

材料（2人分）

まいたけ（大きめにほぐす）
…… 1パック（100g）
ベーコン（1cm幅に切る）…… 2枚
ナンプラー …… 大さじ1
バター …… 10g
黒こしょう …… 少々

1 フライパンにバターを溶かし、まいたけ、ベーコンを中火で炒め、ベーコンがこんがりしたらナンプラーをからめ、器に盛って黒こしょうをふる。

エリンギのコチュチーズ焼き

コチュジャン+マヨ+チーズが最高!
切ってのせて焼くだけ、トースターまかせでOKです。
しいたけ、えのき、マッシュルームで作っても。

材料（2人分）

エリンギ（縦4等分に切る）
…… 1パック（100g）
A │マヨネーズ …… 大さじ3
　│コチュジャン …… 小さじ2
ピザ用チーズ …… 大さじ2

1 エリンギは断面を下にしてアルミホイルにのせ、混ぜたA、チーズの順にかけ、温めたオーブントースターでこんがり5〜6分焼く。

Vietnam

マッシュルームのマリネ

きのこの中でもうまみの強いマッシュルームを、生でサラダに。スイートチリ+酢のさっぱり味は、白ワインやスパークリングの前菜にもぴったり!

材料（2人分）

A｜生マッシュルーム
　（表面をぬれぶきんでふき、薄切り）
　…… 1パック（100g）
　スイートチリソース …… 大さじ2
　オリーブ油 …… 大さじ1
　酢 …… 大さじ1/2
パセリ（あれば・みじん切り）…… 適量

1 ボウルにAを入れてよくあえ、器に盛ってパセリを散らす。

Vietnam

しいたけのスイチリマヨ焼き

しいたけにマヨを塗ってこんがり焼いたら、スイートチリをかけるだけ。ピーナッツの食感が、しいたけのジューシーさを引き立てます。

材料（2人分）

生しいたけ（軸を除く）…… 6枚
マヨネーズ …… 大さじ4
A｜スイートチリソース …… 大さじ2
　バターピーナッツ（粗く刻む）
　…… 大さじ1

1 しいたけはアルミホイルにのせ、かさの内側にマヨネーズを塗り、温めたオーブントースターでこんがり5〜6分焼き、器に盛ってAを順にかける。

ツナのガパオ風冷ややっこ

Thailand

ツナにナンプラー、オイスター、バジルを加え、ガパオライス（バジル炒めごはん）風の濃厚さに。淡泊な豆腐に、ぐっと食べごたえが出ますヨ。

材料（2 人分）

絹ごし豆腐（半分に切る）…… 1/2 丁（150g）

A | ツナ缶（オイル漬け・汁けをきる）…… 小 1 缶（70g）
ナンプラー、オイスターソース …… 各小さじ 1
バジル（ドライ）…… 小さじ 1/4

1 器に豆腐を盛り、混ぜた A をのせ、ドライバジル少々（分量外）をふる。

Korea

アボカドキムチ冷ややっこ

とろりとコクのあるアボカドにキムチを合わせた、ボリューミーな一品。最後にごま油を回しかけると、豆腐と一緒にずーっと食べられます。

材料（2 人分）

絹ごし豆腐（半分に切る）…… 1/2 丁（150g）

A | アボカド（種と皮を除き、2㎝角に切る）
…… 1/2 個
白菜キムチ …… 1/4 カップ（50g）

ごま油 …… 小さじ 1

1 器に豆腐を盛り、混ぜた A をのせ、ごま油を回しかける。

ザーサイおろし冷ややっこ

Taiwan

粗く刻んだザーサイの食感がアクセント。
おろし+ポン酢で、さっぱりとした味わいです。
好みでラー油やパクチーを加えても合います。

材料（2人分）

絹ごし豆腐（1cm幅に切る）…… 1/2丁（150g）
A｜味つきザーサイ（びん詰・粗く刻む）
　…… 1/5びん（20g）
　大根おろし（汁けを軽くきる）…… 3cm分
　ポン酢じょうゆ …… 大さじ2

1. 器に豆腐を盛り、混ぜたAをのせる。

厚揚げのパッタイ風

Thailand

麺、もやし、にらがなくても、味はパッタイ！
甘みと酸味、えびの風味がしっかり味わえます。
厚揚げは、ちぎると断面もこんがりしてグーです。

材料（2人分）

厚揚げ（ひと口大にちぎる）…… 2枚（300g）
桜えび …… 大さじ2
卵 …… 1個
A｜ケチャップ、ナンプラー …… 各大さじ1
　酢 …… 小さじ2
サラダ油 …… 小さじ2

1. フライパンにサラダ油を熱し、厚揚げ、桜えびを中火で炒め、こんがりしたらAをからめる。
2. 脇に溶いた卵を流し、中火でスクランブルエッグを作り、全体に混ぜる。

Vietnam

厚揚げのトマト煮

本場ではヌクマムで味つけするトマト煮を、ナンプラーでアレンジ。砂糖を少しだけ加えると、コクが生まれます。厚揚げは焼いてから煮ても◎。

材料（2人分）

厚揚げ（1㎝幅に切る）…… 2枚（300g）

A | カットトマト缶 …… 1缶（400g）
　| ナンプラー …… 大さじ1と1/2
　| 砂糖、にんにく（すりおろす）
　| …… 各小さじ1

万能ねぎ（小口切り）…… 適量

1 鍋にAを入れて煮立たせ、厚揚げを加えて中火で5分煮、器に盛って万能ねぎをのせる。

Thailand

こんにゃくのピリ辛炒め

こんにゃくはちぎることで、味のからみをよく。赤唐辛子と炒めれば、極上のピリ辛味に。これは、すっきりサワー系のお酒と合いますね。

材料（2人分）

こんにゃく（アク抜き済み・スプーンでひと口大にちぎる）…… 1枚（250g）

赤唐辛子（種を除き、小口切り）…… 1本

A | ナンプラー …… 大さじ1
　| みりん …… 小さじ2

ごま油 …… 大さじ1

1 フライパンにごま油を熱し、こんにゃく、赤唐辛子を中火で炒め、ややこんがりしたらAをからめる。

切り干し大根とパクチーのソムタム

ソム=酸っぱい、タム=たたくで、青パパイヤをたたいて作るタイのサラダを、切り干しでアレンジ。えびの香り、レモン、唐辛子の辛さで複雑な味わい。

材料（2 人分）

切り干し大根（乾燥・水につけて戻し、水けを絞って食べやすく切る）…… 30g
パクチー（粗みじん切り）…… 1/2 株（10g）
赤唐辛子（種ごと小口切り）…… 1 本
桜えび（みじん切り）、バターピーナッツ（粗く刻む）…… 各大さじ 2
ナンプラー、レモン汁 …… 各大さじ 1
砂糖 …… 小さじ 1

1 ボウルに材料をすべて入れ、よくあえる。

切り干し大根と高菜の黒こしょうあえ

台湾旅行で胡椒餅《こしょうもち》を食べて思いついたレシピ。黒こしょうはたっぷり入れ、シナモンを加えても。時間がたつほどおいしいので、作りおきもぜひ。

材料（2 人分）

切り干し大根（乾燥・水につけて戻し、水けを絞って食べやすく切る）…… 30g
刻み高菜漬け …… 大さじ 2（20g）
ごま油 …… 大さじ 1
しょうゆ …… 小さじ 2
黒こしょう …… 小さじ 1

1 ボウルに材料をすべて入れ、よくあえる。

Taiwan

ひじきと桜えびのにんにく炒め

台湾料理の干しえびの使い方からヒントを得ました。
味つけは塩こしょうだけで、ごくシンプルに。
日本酒をちびちび飲みながらつまみたい一品。

材料（2 人分）

芽ひじき（乾燥・水につけて戻し、水けをきる）
…… 大さじ 5（15g）
桜えび …… 大さじ 1
にんにく（薄切り）…… 1 かけ
A ｜塩、黒こしょう …… 各小さじ 1/4
ごま油 …… 大さじ 1

1 フライパンにごま油、にんにくを入れて弱火にかけ、香りが出たらひじき、桜えびを加えて中火で炒め、油が回ったら A をふる。

Thailand

ひじきと枝豆のみそナンプラー炒め

タイの調味料・ナンプラーを使ったら、和食が
エスニック風に大変身～。濃いめの味つけなので、
これまた、ちびちびつまみたい系のひと皿です。

材料（2 人分）

芽ひじき（乾燥・水につけて戻し、水けをきる）
…… 大さじ 5（15g）
冷凍枝豆（解凍し、さやから出したもの）
…… 大さじ 3
赤唐辛子（種を除き、小口切り）…… 1/2 本
ナンプラー、みりん …… 各小さじ 2
みそ …… 小さじ 1
水 …… 大さじ 1

1 フライパンに材料をすべて入れ、弱めの中火で汁けがなくなるまで炒める。

part 5

スープのほっこり！つまみ

エスニック料理では、どの国もスープが欠かせません。
酸味、辛み、甘みといろいろな味が楽しめるから、
スープといっても、しっかりつまみになります。
ハーブで香りを足したり、レモンをぎゅっと絞ると
爽快感が増すのも魅力。体も心もほっとしながら、
しみじみお酒を楽しんでください。
もちろん、シメのスープにもぴったりです。

わかめと韓国のりのごまスープ

韓国のりの風味で、シンプルでも十分楽しめるひと皿。焼きおにぎりを入れ、くずしながら食べても美味です。

Korea

材料（2 人分）

わかめ（乾燥）…… 小さじ 1
韓国のり（大きめにちぎる）…… 小 1 パック（8 枚）
白いりごま …… 小さじ 2
鶏ガラスープの素 …… 小さじ 1
水 …… 2 カップ

1 鍋に材料をすべて入れ、中火でひと煮立ちさせる。
＊器に水以外を入れ、熱湯2カップを注いでも

プチトマトとセロリの春雨スープ

Vietnam

ベトナムのフォーのやさしい味わいをイメージして考えたスープです。トマトはくったり煮ると、うまみが出ます。

材料（2 人分）

プチトマト（縦 4 等分に切る）…… 8 個
セロリ（茎は斜め薄切り、葉はざく切り）
…… 1/2 本
緑豆春雨（乾燥）…… 20g
ナンプラー …… 大さじ 2

1 鍋に湯 2 カップを沸かし、セロリの茎、春雨を入れて中火で 2 ～ 3 分煮、プチトマト、セロリの葉、ナンプラーを加え、プチトマトがくったりするまで 2 分煮る。

純豆腐《スンドゥブ》スープ

くみ出し豆腐で作るスンドゥブ・チゲのシンプル版。
おぼろ豆腐で作ったり、これにごはんを入れて、
クッパ風にするのもおすすめ。

Korea

材料（2人分）

絹ごし豆腐……1/2丁（150g）

A | 白菜キムチ……1/2カップ（100g）
  | 鶏ガラスープの素……小さじ1
  | 水……1と1/2カップ

卵黄……2個分

万能ねぎ（小口切り）……1本

ごま油……小さじ1

1 鍋にA、豆腐をスプーンでひと口大にすくって入れ、中火でひと煮立ちさせ、器に盛って卵黄、万能ねぎをのせ、ごま油を回しかける。

ささみとパクチーの黒こしょうスープ

Taiwan

台湾の食堂で定食についてきた、スープをもとに考案。
黒こしょうがキリリ！で、レモンサワーと相性抜群です。

材料（2人分）

鶏ささみ（筋を除き、1cm幅の斜め切り）
……2本（120g）

パクチー（茎はみじん切り、葉はざく切り）
……1/2株（10g）

酒……大さじ1

A | ナンプラー……大さじ1
  | 黒こしょう……小さじ1/2

1 鍋に湯2カップを沸かし、ささみ、パクチーの茎、酒を入れて弱火で3分煮、Aを混ぜる。器に盛り、パクチーの葉を散らす。

鹹豆漿《シェントウジャン》（台湾風豆乳スープ）

台湾ではいつも５～６軒食べ歩く、大好物の朝ごはんスープ。
豆乳は高いところから注ぐと、全体がよく混ざります。

材料（2 人分）

豆乳（成分無調整のもの）…… 2 カップ
A | 味つきザーサイ（びん詰・みじん切り）
　…… 1/5 びん（20g）
　桜えび（みじん切り）…… 大さじ 3
　黒酢（または酢）…… 大さじ 2
　しょうゆ、ごま油 …… 各小さじ 1
万能ねぎ（小口切り）、ラー油
　…… 各適量

1 A は半量ずつ器に入れておく。豆乳は弱火で沸騰直前まで温め、高い位置から A に注ぎ、万能ねぎ、ラー油をかける。
＊パンと一緒に食べたり、ガーリックトーストを添えてもおいしい

米、米麹、水を発酵・熟成させた黒酢。マヨネーズと合わせてディップにしたり、豚肉や鶏肉の炒めものに入れると美味。「臨醐山（りんこさん）黒酢」を愛用。

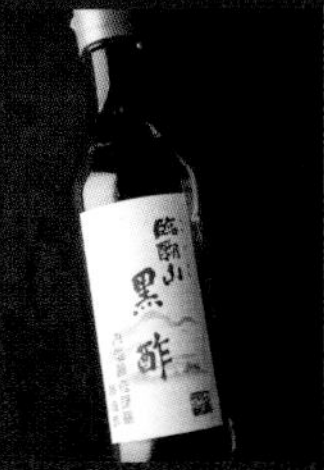

もずくのサンラータン

現地ではレバー入りでこってり味でしたが、もずくで軽めに。
味つきもずくの酸味を生かせば、味つけもラクチンです。

材料（2 人分）

もずく（三杯酢の味つきのもの）
　…… 1 パック（70g）
卵 …… 1 個
A | しょうゆ …… 大さじ 1
　鶏ガラスープの素 …… 小さじ 1
　水 …… 2 カップ
ラー油 …… 少々

1 鍋に A を入れて煮立たせ、強火にして溶いた卵を細く流し入れ、卵が浮いたらもずくを加えてひと煮立ちさせ、器に盛ってラー油をかける。

Thailand

あさりのナンプラーレモンスープ

タイの屋台で食べたスープをヒントに。あさりのだしとナンプラーの風味で、魚介のうまみがたっぷりです。

材料（2人分）

あさり（砂抜きしたもの）…… 1パック（200g）

A｜ナンプラー …… 大さじ1
　｜レモン汁 …… 小さじ2

レモン（あれば・ワックス不使用のもの／4等分のいちょう切り）…… 薄切り1枚

万能ねぎ（小口切り）…… 2本

1 鍋に水2カップ、あさりを入れて中火にかけ、あさりの口が開いたらAを加えてひと煮立ちさせ、器に盛ってレモン、万能ねぎを散らす。

Thailand

桜えびのトムヤムクン

トム＝煮る、ヤム＝混ぜる、クン＝えびの意味のスープ。桜えびを入れれば、あとはパクチーだけで本場の味に！

材料（2人分）

A｜桜えび …… 大さじ2
　｜トムヤムペースト（p21参照）…… 大さじ1
　｜水 …… 2カップ

B｜ナンプラー、レモン汁 …… 各小さじ2

パクチー（2cm幅に切る）…… 1/4株（5g）

1 鍋にAを入れてペーストを溶きながら煮立たせ、Bを加えてひと煮立ちさせ、器に盛ってパクチーを散らす。

Taiwan

もやしの薬膳スープ

スパイスをきかせ、台湾の薬膳スープをイメージ。
カレー粉と五香粉《ウーシャンフェン》入りの芳醇な香りのひと皿です。

材料（2人分）

もやし …… 1/2袋（100g）
豆苗（根元を切る）…… 1/2袋
A ｜オイスターソース …… 大さじ2
　｜カレー粉、五香粉《ウーシャンフェン》 …… 各小さじ1/2

1 鍋に湯2カップを沸かし、もやし、豆苗を入れて中火で1分煮、もやしがしんなりしたらAを加えてひと煮立ちさせる。

春菊とウインナのトマトチゲスープ

Korea

トマトジュースでささっと作れる、
お手軽スープです。ウインナのだし、
春菊のほろ苦さがきいています。

材料（2人分）

春菊（3cm幅に切る）…… 1株
ウインナ（小口切り）…… 4本
A ｜トマトジュース（無塩のもの）…… 1と1/2カップ
　｜水 …… 1/2カップ
B ｜ケチャップ …… 大さじ1
　｜コチュジャン、みそ …… 各小さじ2

1 鍋にAを入れて煮立たせ、春菊、ウインナ、Bを加え、弱火で春菊がやわらかくなるまで3～4分煮る。

韓国

column ③

屋台グルメ

＼ 잘 먹겠습니다！ ／

活気あふれるお店が連なる韓国の屋台。まるで上野のアメ横みたいだと、訪れるたびに感じます。寒い国なので、辛いものを食べて体を温めては、ビールを流し込むのがいちばんの楽しみ。焼き肉のおいしさも絶品です。

Korea

タッカンジョン（から揚げの甘辛ソースがけ）

本場ではから揚げなのを、カリッと焼いてたれであえて。マヨネーズをからめると、肉がしっとりして美味ですよ。

材料（2人分）

鶏もも肉（4㎝角に切る）…… 1枚（300g）
マヨネーズ …… 大さじ1
片栗粉 …… 大さじ3
A｜コチュジャン、ケチャップ …… 各大さじ1
　｜しょうゆ …… 小さじ2
　｜にんにく（すりおろす）…… 小さじ1
ごま油 …… 大さじ1
バターピーナッツ（粗く刻む）…… 大さじ1

1 鶏肉はマヨネーズをからめ、片栗粉をまぶす。

2 フライパンにごま油を熱し、1を中火で片面3〜4分ずつ焼き、こんがりしたら混ぜたAをからめる。器に盛り、ピーナッツを散らす。

コーンチーズトースト

屋台の朝ごはんで食べたボリュームホットサンドを、手軽な食パンでアレンジ。ハム、ベーコン、ツナでも◎。

材料（2人分／1枚）

食パン …… 1枚
A｜ホールコーン（缶詰・汁けをきる）…… 大さじ4
　｜ピザ用チーズ、マヨネーズ …… 各大さじ2
　｜ケチャップ …… 大さじ1
　｜コチュジャン …… 小さじ1

1 食パンは混ぜたAをのせ、温めたオーブントースターでチーズが溶けるまで5分焼き、半分に切る。

切り干し大根とにらのチヂミ（お好み焼き）

生地に切り干し大根とその戻し汁を入れることで、食感もうまみも最高に！　ごま油でカリッと焼きましょう。

材料（2 人分）

切り干し大根（乾燥・1 カップの水につけて戻し、水けを絞って 2cm幅に切り、戻し汁 1/2 カップは残しておく）…… 20g
にら（3cm幅に切る）…… 1/2 束
A｜片栗粉、薄力粉 …… 各大さじ 4
　｜切り干し大根の戻し汁 …… 1/2 カップ
　｜砂糖 …… 小さじ 1
ごま油 …… 大さじ 1

1　ボウルに A を入れて菜箸で混ぜ（ダマにならないように）、切り干し大根、にらを加えて混ぜる。

2　フライパンにごま油の半量を熱し、1 を流して中火で 2 分 30 秒焼き、こんがりしたら裏返して残りのごま油をふちから回し入れ、さらに 2 分 30 秒焼く。食べやすく切って器に盛る。
＊酢としょうゆを同量ずつ混ぜたたれをつけて食べる

牛肉とたくあんのキンパ（のり巻き）

コチュジャンをからめた濃厚な牛肉と、食感が楽しいたくあんを巻きました。ごまはたっぷりがおいしいです。

材料（2 人分／1 本）

牛切り落とし肉 …… 70g
A｜しょうゆ …… 小さじ 2
　｜コチュジャン …… 小さじ 1
たくあん（せん切り）…… 1cm（20g）
ごはん …… 茶碗 1 杯分
焼きのり …… 全形 1 枚
白いりごま …… 大さじ 1
ごま油 …… 小さじ 2

1　フライパンにごま油を熱し、牛肉を中火で炒め、色が半分変わったら A をからめ、冷ます。

2　ラップにのりをのせ、左右と向こうを少しあけてごはんを広げ、手前に 1 、たくあんの順に置き、全体にいりごまをふる。ラップごと持ち上げて手前からくるくる巻き、巻き終わりを下にして 5 分おき、食べやすく切る。
＊包丁をぬれぶきんで 1 回ずつふくと、きれいに切れる

のりにごはんと具材をのせ、両手でラップの手前を持ち上げ、具材をおさえながら向こうにくるくる巻く。

part 6

シメ！のごはんと麺もの

ガパオ、ナシゴレン、グリーンカレー、フォー…
エスニックで人気の料理が勢ぞろいです。
どれも小腹を満たしてくれる、ほどよい量なので、
シメにはちょうどいいのもうれしい。
使う食材や調味料も最小限にしてあるから、
ほろ酔いの時だって気軽に作れますよ。
毎日旅をしているように、
異国のごはんをぜひ楽しんでください。

Thailand

簡単ガパオライス（バジル炒めごはん）

タイの食堂で食べた、ひき肉だけのガパオをヒントに。ガパオとは、タイ語でホーリーバジル（炒め用の香りが強いバジル）の意味ですが、日本ならスイートバジルで。野菜ナシなのも、いさぎよくて美味です。

材料（2 人分）

ごはん …… 茶碗 2 杯分
鶏ひき肉（もも）…… 200g
バジルの葉 …… 10 枚
赤唐辛子（種を除き、小口切り）…… 1 本
A ナンプラー、オイスターソース …… 各小さじ 2
　砂糖 …… 小さじ 1
卵 …… 2 個
サラダ油 …… 小さじ 2

1 フライパンにサラダ油を熱し、ひき肉、赤唐辛子を中火で炒め、肉の色が半分変わったら A をからめ、火を止めてバジルをちぎって混ぜる。

2 フライパンにサラダ油大さじ 1（分量外）を熱し、卵を割り入れ、中火でふたをしないでふちがカリカリの目玉焼きを作る。器に盛ったごはん、1 にのせる。

Indonesia

シンプルナシゴレン
（焼き飯）

ナシ=ごはん、ゴレン=炒めるで、インドネシアのチャーハンです。
えびの風味をきかせるのが味のポイントなので、
今回は桜えびをみじん切りに。プチトマトやきゅうりを添えても。

材料（2人分）

ごはん …… 茶碗山盛り1杯分
鶏もも肉（2cm角に切る）…… 1/3枚（100g）
桜えび（みじん切り）…… 大さじ2
にんにく（みじん切り）…… 1かけ
A │ ケチャップ …… 大さじ1
　│ ナンプラー …… 小さじ2
　│ 豆板醤 …… 小さじ1
サラダ油 …… 大さじ1
サニーレタス（ちぎる）…… 適量

1 フライパンにサラダ油、にんにくを入れて弱火にかけ、香りが出たら鶏肉、桜えびを加え、中火で肉に火が通るまで炒める。

2 ごはんを加えてヘラでほぐしながら炒め、混ぜたAをからめる。器に盛り、サニーレタスを添える。

カオマンガイ（チキンライス）

**鶏のゆで汁でごはんを炊く、ファストフード。
今回は、炊飯器で作れるレシピにしました！**

Thailand

材料（作りやすい分量／4人分）

米……2合
鶏もも肉……小2枚（400g）
A｜しょうが（みじん切り）……1かけ
　｜ナンプラー……大さじ1
B｜長ねぎの青い部分（みじん切り）……1本分
　｜しょうが（みじん切り）……1かけ
　｜ナンプラー、レモン汁……各大さじ2
　｜砂糖、ごま油……各小さじ2
きゅうり（斜め薄切り）……適量

1 米は洗って炊飯器に入れ、2合の目盛りまで水を加えて大さじ1分を除き、Aを混ぜ、鶏肉を皮目を下にしてのせて炊く。

2 1の鶏肉を切り、ごはんとともに器に盛り、混ぜたBをかけてきゅうりを添える。

Thailand

カオモックガイ（カレーピラフ）

**タイ風ビリヤニ。イスラム系のタイ料理として、
バンコクでは屋台でも食べられたりしています。**

材料（作りやすい分量／4人分）

米……2合
鶏手羽元……6本（300g）
A｜スイートチリソース……大さじ1
　｜カレー粉……小さじ2
　｜五香粉《ウーシャンフェン》……小さじ1
B｜ナンプラー……大さじ2
　｜カレー粉……小さじ2
　｜塩……小さじ1/2
バター……10g
フライドオニオン（あれば・p11参照）……適量

1 手羽元はAをもみ込み、20分おく。

2 米は洗って炊飯器に入れ、Bを混ぜて2合の目盛りまで水を加え、1、バターをのせて炊く。器に盛り、フライドオニオンを散らす。

鶏ひきとマッシュルームのオイスターバター丼

台湾でおなじみのオイスターソース+バターでコクを。
うまみの強いブラウンマッシュルームがポイントです。

Taiwan

材料（2 人分）

ごはん …… 茶碗 2 杯分
鶏ひき肉（もも）…… 200g
ブラウンマッシュルーム（縦半分に切る）…… 6 個
にんにく（みじん切り）…… 1 かけ
オイスターソース …… 大さじ 1 と 1/2
バター …… 10g
万能ねぎ（あれば・小口切り）…… 適量

1 フライパンにバター、にんにくを入れて弱火にかけ、香りが出たらひき肉、マッシュルームを加えて中火で炒め、肉の色が半分変わったらオイスターソースをからめる。

2 器にごはんを盛り、1、万能ねぎをのせる。

トムヤムクンチャーハン

トムヤムペーストがあれば、手軽にお店の味に！
プリプリしたえびの食感がやみつきになります。

材料（2 人分）

ごはん …… 茶碗山盛り 1 杯分
むきえび（あれば背ワタを除く）…… 12 尾（120g）
オクラ（ガクをくるりとむき、斜め 3 等分に切る）
…… 6 本
にんにく（みじん切り）…… 1 かけ
A | トムヤムペースト（p21 参照）…… 大さじ 1
  | ナンプラー、オイスターソース、砂糖
  | …… 各小さじ 2
ごま油 …… 大さじ 1

1 フライパンにごま油、にんにくを入れて弱火にかけ、香りが出たらえび、オクラを加えて中火で炒め、えびがややこんがりしたらごはん、混ぜた A を加え、ヘラでほぐしながら炒める。

Thailand

Thailand

鶏肉となすの ゆずこしょうグリーンカレー

グリーンカレーペーストを使わなくても、作れちゃうんです。ゆずこしょうにクリーミーなココナッツミルクを合わせ、バジルを入れるのがポイント。ぐっと本格的な味になります。

材料（2人分）

ごはん……茶碗2杯分
鶏もも肉（4cm角に切る）……1/2枚（150g）
なす（1cm幅の輪切り）……1本
バジルの葉……10枚*
ココナッツミルク……1缶（400mℓ）
A｜カレー粉、ゆずこしょう、ナンプラー……各小さじ2
*ドライバジルなら小さじ1/2

ココナッツの種子の胚乳を削り、煮出して絞ったココナッツミルク。カレー粉と相性がよく、ナンプラーとともに炒めものに使っても。残ったら、ファスナー式の保存袋に入れて冷凍保存を。

1. 鍋にココナッツミルクを入れて中火で煮立たせ、鶏肉、なすを加えて肉に火が通るまで7～8分煮る。
2. Aを加えて2分煮、火を止めてバジルをちぎって混ぜる。器に盛り、ごはんを添える。

豚肉のスーンヌーン（炭火焼き）のせライス

厚切り豚肉のあぶり焼き=スーンヌーンを、フライパンレシピに。
ジューシーな豚肉は、レモンの酸味で食べやすくします。
サニーレタスなどの野菜に巻いて食べるのもおすすめ。

材料（2 人分）

ごはん …… 茶碗 2 杯分
豚ロース肉（とんかつ用・5㎜幅のそぎ切り）…… 1 枚（150g）
A ナンプラー、はちみつ …… 各小さじ 2
  にんにく（すりおろす）…… 小さじ 1
片栗粉 …… 小さじ 2
サラダ油 …… 大さじ 1
パクチー（あれば・ざく切り）、レモン（くし形切り）…… 各適量

1 豚肉は A、片栗粉の順にもみ込み、サラダ油を熱したフライパンで中火で片面 1 分 30 秒ずつこんがり焼く。

2 器にごはんを盛って 1 をのせ、パクチー、レモンを添える。

豚こまとキャベツの黒こしょう焼きそば

**2種のソースで味つけして、つまみ感たっぷりに。
黒こしょうをピリピリきかせるのがコツです。**

Taiwan

材料（2人分）

中華蒸し麺……1玉（150g）
豚こま切れ肉……100g
キャベツ（5cm角に切る）……大2枚
にんにく（みじん切り）……1かけ
A｜オイスターソース、ウスターソース……各大さじ1
　｜黒こしょう……小さじ1
サラダ油……小さじ2

1 フライパンにサラダ油、にんにくを入れて弱火にかけ、香りが出たら豚肉、キャベツを加えて中火で炒め、肉の色が変わったら中華麺（ほぐしながら）、水大さじ2を加えて炒め、Aをからめる。

フォー・ガー（鶏肉のフォー）風汁そば

**鶏ひきのだしがきいたスープに、レモン汁を加えて
上品な味わいに。そうめんで手軽に作れますよ。**

Vietnam

材料（2人分）

そうめん……2束（100g）
鶏ひき肉（もも）……150g
酒……大さじ2
A｜ナンプラー……大さじ2
　｜水……3カップ
B｜レモン汁……小さじ2
　｜塩……ひとつまみ
パクチー（ざく切り）、レモン（あれば・ワックス不使用のもの／くし形切り）……各適量

1 鍋にAを入れて沸騰直前まで温め、ひき肉、酒を加えてほぐしながら弱めの中火で煮、アクが出たらとり、肉の色が変わったらBを混ぜる。そうめんは熱湯で袋の表示時間通りにゆで、湯をきる。

2 器に1を盛り、パクチー、レモンを添える。

Vietnam

ベトナム風あえ麺

野菜とハーブをどっさりのせて混ぜて食べる、ベトナムらしい麺。
パクチー、ミント、ディルなどを足しても合います。
青じそやみょうがで、和風にアレンジしてもいけますよ。

材料（2人分）

そうめん……2束（100g）
鶏ささみ（筋を除く）……2本（120g）
紫玉ねぎ（または玉ねぎ・薄切り）……1/6個*
万能ねぎ（2㎝幅の斜め切り）……2本
A ナンプラー……大さじ1と1/2
　レモン汁……大さじ1
　砂糖……小さじ1
　しょうが（すりおろす）……1かけ
*玉ねぎなら水に5分さらす

1 ささみはフォークで全体に穴をあけ、耐熱皿にのせて酒大さじ1（分量外）をふり、ラップをふんわりかけて電子レンジで2分30秒加熱し、粗熱がとれたら大きめにさく。

2 そうめんは熱湯で袋の表示時間通りにゆで、水で洗って水けをきり、ごま油小さじ1(分量外）をからめて器に盛る。1、紫玉ねぎ、万能ねぎをのせ、混ぜたAをかける。

Vietnam

エスニックナポリタン

ケチャップ+スイートチリソースで、甘辛こってりな味わい。
しょうがをちらっと、アクセントにきかせるのがポイントです。
パクチー、ミント、ディルをのせてもおいしい。

材料（2人分）

スパゲッティ……100g
ウインナ（斜め3等分に切る）……4本
ピーマン（縦に細切り）……2個
A | ケチャップ……大さじ2
　| スイートチリソース……大さじ1と1/2
　| しょうが（すりおろす）……小さじ1
バター……10g
粉チーズ……適量

1 スパゲッティは熱湯で袋の表示時間より1分短くゆで、湯をきる。

2 フライパンにバターを溶かし、ウインナ、ピーマンを中火で炒め、こんがりしたら1を加えて炒め、Aをからめる。器に盛り、粉チーズをふる。

エダジュン

料理研究家、管理栄養士。1984年、東京都生まれ。管理栄養士資格取得後、株式会社スマイルズ入社。「Soup Stock Tokyo」本部で商品の物流・購買などの仕事を行い、2013年に料理研究家として独立。「料理にやっちゃいけないことはない」をモットーに、固定概念にとらわれない料理を提案することを心がけている。「パクチーボーイ」の名義でも活動中。著書に『フライパンひとつで！のっけ弁当』(学研プラス)、『アジア料理をカレーにしたら？』（文化出版局）、『野菜たっぷり具だくさんの主役スープ150』（誠文堂新光社）など。

https://edajun.com/　Instagram:@edajun

できるだけうちにある調味料で作る！

エスニックつまみとごはん

アートディレクション・デザイン／野本奈保子（ノモグラム）
撮影／鈴木泰介
スタイリング／本郷由紀子
プリンティングディレクション／金子雅一（凸版印刷株式会社）

取材／中山み登り
校閲／滄流社
編集／足立昭子

著　者／エダジュン
編集人／足立昭子
発行人／倉次辰男
発行所／株式会社 主婦と生活社
〒104-8357　東京都中央区京橋3-5-7
☎03-3563-5321（編集部）
☎03-3563-5121（販売部）
☎03-3563-5125（生産部）
https://www.shufu.co.jp
印刷所／凸版印刷株式会社
製本所／共同製本株式会社
ISBN978-4-391-15589-1